DE LA FIXATION

DE LA

LANGUE FRANÇAISE

à propos

DE L'INSTRUCTION PRIMAIRE

rendue obligatoire

PAR

ÉMILE NEGRIN

NICE

IMPRIMERIE CAISSON ET MIGNON

(Mars 1865)

MÉMOIRE

DE LA FIXATION

DE LA

LANGUE FRANÇAISE

à propos

DE L'INSTRUCTION PRIMAIRE

rendue obligatoire

PAR

ÉMILE NEGRIN

NICE

IMPRIMERIE CAISSON ET MIGNON

(Mars 1865)

1865

À son excellence

MONSIEUR VICTOR DURUY

ministre de l'instruction publique

Monsieur le ministre,

j'ai pris la familiarité de vous adresser ma GRAMMAIRE DES GENS DU MONDE. C'est une sorte de mémento destiné aux grandes personnes, un résultat purement fortuit de ma prédilection pour notre chère langue Française. Si vous daignez perdre à la parcourir quelques minutes de votre temps précieux, vous y verrez une méthode que mes amis ont trouvée commode, des définitions qui paraissent justes, et des observations que je crois nouvelles: ce qui assurément est nouveau, en matière de grammaire.

Je tenais à lancer cette publication, parceque je voulais appuyer sur des antécédents philologiques le développement d'une patriotique idée, à laquelle je vais consacrer ce mémoire, et qui n'est peutêtre pas tout-à-fait indigne de votre sollicitude éprouvée.

Au moment où, sur votre intelligente initiative, le sénat va discuter la question de déclarer enfin en France l'instruction primaire obligatoire, il ne me semble pas oiseux de rappeler que les inconséquences de notre orthographe rebutent seules nos paysans, et de faire observer qu'avant d'imposer une chose à tous les Français, on pourrait bien commencer par rendre cette chose-là uniforme.

Ma proposition est, pour ainsi dire, le complément de la grande mesure qui se prépare. On forcera les prolétaires à fréquenter pendant deux années une école, mais les amènera-t-on dans deux ans à déchiffrer des hiérogliphes sans logique? J'en doute.

C'est ce qui m'enhardit à prendre la plume.

Nous sommes actuellement spectateurs de deux scènes qui se déroulent sur le théâtre de l'humanité: la vulgarisation et la décadence du français.

La vulgarisation se constate chez tous les peuples; elle a l'évidence des rayons solaires; elle augmente chaque jour avec l'amendement social, dont elle est un des agents providentiels; nul ne songe à la nier, je ne songe donc pas à la démontrer. Elle est du reste une conséquence tout[1] ra-

1 Si dans cette brochure quelques mots se présentent dans leur costume naturel et non avec leur déguisement ordinaire, le lecteur voudra bien ne pas crier à la négligence, mais prendre au contraire connaissance de ma GRAMMAIRE DES GENS DU MONDE.

Il y trouvera des aperçus de lingüistique complètement nouveaux; et peut-être, après avoir lu les pièces justificatives, jugera-t-il avec moins de sévérité.

J'essaie d'en finir tout d'un coup avec le *ch* dur et le *y* simple; le joug de ces deux Iroquois est sans cesse secoué par le public, par les étrangers, par les savants et par les protes. Autant vaut le briser tout-à-fait.

« Plusieurs grammairiens » dit Laveaux dans son DICTIONNAIRE DES DIFFICULTÉS « voudraient qu'on écrivît toujours par un *i* les syllabes où on n'entend que le son simple de cette lettre, comme dans *anonime*, *himen*, *martir*, *sinonime*, etc, et je trouve qu'ils ont raison. Les Italiens se sont débarrassés de cette exactitude pédantesque, et leur langue n'en est pas moins claire. Ils écrivent *anonimo*, *imene*, *martirio*, *stile*, *sinonimo*, etc. L'usage a déjà aboli en français un grand nombre de signes étymologiques; il abolira sans doute aussi celui-ci. Déjà l'Académie écrit *abime*, *analise*, *juri*, *asile*, etc, au lieu de *abyme*, *analyse*, etc; mais pourquoi n'écrit-elle pas aussi *anonime*, *himen*, *sinonime*, etc? Elle aurait bien de la peine à rendre raison de cette préférence; et cette demi-réforme ne fait qu'augmenter l'incertitude. »

tionnelle de la nature claire et sistématique de notre idiome, de la multiplicité des chefs d'œuvre qu'il a contribué à éterniser, de la valeur légendaire de nos soldats qui, sous la République et sous l'Empire, l'ont parlé à travers toutes les métropoles de l'Europe.

La décadence ne se manifeste pas moins. Pour tant que les pessimistes fulminent contre le fond de la littérature contemporaine, ils n'auront jamais exprimé la tierse partie des reproches que la forme peut encourir. Le fond est une affaire de morale et d'époque. Le fond de la plupart des livres de l'antiquité n'a point droit au prix Monthyon, pas plus que le fond de bien des livres publiés après Jésus, mais au moins dans les premiers les langues brillent d'un éclat qui n'a pas encore été éclipsé. Or, sous le rapport de l'esthétique, mieux vaut un ilote qui drape de pourpre sa perversité qu'un ascète qui enveloppe sa sainteté de haillons; mieux vaut la **Vénus** de Gnide que la **Vénus** de Cos; mieux vaut l'**Antiope** lascive du Corrège qu'un **Masaccio** pudiquement vêtu jusqu'au cou.

Je ne veux parler que de cette décadence de la forme. Elle s'engendre partout, elle se montre partout, elle menace partout; les esprits observateurs la remarquent, les esprits spéculatifs s'en affligent, et les esprits policés la redoutent. Jetons en effet les ieux autour de nous. On compose les feuilletons avec la phraséologie des coulisses; on dialogue les vaudevilles avec le glossaire des boulevards; on rédige les bulletins de la presse avec des mots Anglais, des mots Allemands, des mots grotesques. Est-ce là du français? Qui de nous peut se vanter de comprendre d'un bout à l'autre la dissertation la meilleure de la meilleure des gazettes? Est-ce là notre langue?

Je sais bien les causes du mal, et chacun les sait comme moi.

Le changement de l'art en métier; la rétribution à tant la ligne, qui inspire le désir de grossoyer beaucoup pour gagner beaucoup; la non-existence d'une autorité grammaticale, à laquelle rimeurs et prosateurs soient soumis; l'envahissement progressif des termes d'outre-Manche et d'outre-Rhin; enfin la profusion et l'impunité des feuilles hebdomadaires où, sous la dénomination avilie d'hommes de lettres, des jouvenceaux, échappés à peine des bancs de l'école primaire et souvent des bancs de la police correctionnelle, viennent souffleter l'altière fille des druidesses... n'est-ce pas cela?

Et que nous font les causes? quand la blessure saigne.

Le dilemme est posé: ou la vulgarisation qui nous distille l'orgueil, ou la décadence qui nous inflige l'affront; ou favoriser la première en arrêtant la seconde, ou laisser empirer celle-ci, qui est la négation de celle-là. Il faut choisir. Deux faits si contraires ne peuvent plus subsister à la fois pendant longtemps. La rose ne pousse pas sur les cendres, les villas ne s'élèvent point parmi des ruines chancelantes, on ne pose pas un berceau sur une tombe.

Néanmoins à ce torrent du mavais goût une digue peut être opposée: c'est la fixation de la langue.

D'aucuns vont d'abord se récrier. On a si fort l'habitude de répéter que fixer une langue est une utopie; qu'une langue doit suivre la marche de l'intellect humain; qu'une langue se modifie à l'instar des mœurs, des usages, des opinions, des habits; qu'une langue est un métal malléable, un manteau de caoutchouc, une tunique de Déjanire! On ne peut décemment renoncer à tant de maximes héréditaires, et on proteste.

On a tort. Ces observations sont justes, quand il s'agit d'une langue se formant dans le cerveau d'un peuple, qui lui-même s'organise; elles sont encore justes, quand il s'agit des nationalités anciennes, dont la langue, parvenue à son point de perfection, manquait d'institutions tutélaires, susceptibles de la sauvegarder, et était abandonnée à l'arbitraire des ignorants. Mais aujourdhui, avec l'imprimerie, les conditions des empires sont changées.

Les langues modernes ont jailli, par rares étincelles, du choc du latin expirant et des rauques dialectes du nord. Nous n'avons pas à discuter les caprices qui ont enfanté telle ou telle autre expression rebelle à l'analise, les gallicismes, les italicismes, les hispanismes. Nous devons prendre l'ensemble comme il est, comme il a été façonné par les plus doctes clercs de Paris, de Florence et de Madrid.

En France, depuis Voltaire, cet ensemble, c'est à dire, la sintaxe et la tecnologie, est complètement délimité; l'engencement et le choix des mots sont réglés. Reste à les formuler, ainsi que Legendre et Arago ont formulé soit la géométrie soit l'astronomie. Alors notre langue aura la qualité fondamentale de toute science, la fixité dans les principes.

Quand le soleil est arrivé au zénith de sa carrière splendide, il décline, à moins que Josué n'intervienne. Quand la fleur d'une langue a atteint son épanouissement extrême, elle s'étiole, à moins qu'on ne l'enserre dans un vase d'or.

Le vase d'or, c'est la loi.

Où est en effet parmi nous la loi grammaticale?

Du côté de l'Académie? On connaît toutes les contradictions dont fourmille son dictionnaire, toutes les omissions qu'on y a signalées, toutes les erreurs qu'on y a trouvées.

Du côté des grammairiens scolaires? L'abbé Lhomond n'a produit qu'un rudiment erroné, et les magisters Noël et Chapsal ont encore les mains rouges des coups de férule d'Alphonse Karr.

Du côté des grammairiens libres? On n'a qu'à ouvrir Boiste,

Nodier, Duvivier, Poitevin, Landais, Bescherelle et consorts: on les verra en continuelle opposition, et on les surprendra en flagrant délit de naïvetés personnelles, bien plus frappantes que celles qu'ils reprochent à autrui.

Et cependant, au milieu de tant d'appréciations diverses, chacun de nous sait parfaitement démêler celle qui est conforme au bon sens. Lorsqu'un grammatiste divague sur les accents circonflexes, l'autre sur les majuscules, l'autre sur le tréma, l'autre sur les noms composés, l'autre sur les pluriels en *ens*, l'autre sur l'adjectif *demi*, l'autre sur la quantité de *a mi ti é*, l'autre sur les verbes *accidentellement transitifs*, nous sourions et tirons bien vite une conclusion vraie, logique, Française. Il se forme donc une résultante de l'intelligence de nous tous; c'est cette résultante qui doit être la table d'airain. *Vox populi, vox Musarum.*

En vérité, la chose est singulière: il y a un code pour les débitants d'absinthe et les marchands de calicot, un code pour les avoués et les gardes champêtres, un code pour les tueurs de passereaux et les pêcheurs de frétin, un code pour les assureurs, les escompteurs et les camionneurs, tous gens d'occupations triviales; et il ne se rencontre pas de code pour les écrivains, dont l'occupation créatrice est un attribut dérobé à Dieu.

La science algébrique a son traité, devant lequel tous les mathématiciens s'inclinent; la science anatomique en a un, qui commande à tous les chirurgiens; la phisique, la chimie, la géologie, chaque science a le sien; et la grammaire, la science par excellence, celle qui précède ses sœurs, celle qui sert à les exprimer, la grammaire n'a pas de traité régulateur.

Il y a unité de poids, de mesures, de monnaies, d'administration; et il n'y a pas unité de langue.

L'heure de combler cette lacune ne sonne-t-elle pas? Ecoutons circulairement à l'horizon littéraire. Tous les écos répondent oui.

Pourquoi l'empereur, qui a juré de refouler les fleuves débordés dans leur lit et les révolutions grondantes dans leur bouge, ne refoulerait-il pas dans leur estaminet les phrases envahissantes de l'argot? Assurer le calme des cités populeuses, assurer les récoltes des riverains, assurer l'intégrité perpétuelle de notre langue, quel rôle!

N'ayons pas l'air toutefois de faire des projets chimériques. Examinons la possibilité.

Notre siècle, qui est assurément le siècle le plus productif et le plus laborieux, s'est adonné à la grammaire autant qu'à l'histoire et à l'arkéologie; il a étudié les papiers poudreux, les chartes, les palimpsestes, et dans leur contenu et dans leur patois; la lingüistique a été mise à nu comme Marsyas; et les compilations relatives à cette branche des connaissances se sont multipliées à l'infini.

Aussi nous n'avons qu'à nous rappeler comment est née notre législation. On a pris les ordonnances royales de chaque province; on les a coordonnées, débattues, rajeunies; et de ce travail d'assimilation notre code civil est sorti, comme le lingot d'or sort des minérais confondus.

C'est donc au sein d'une commission spéciale, présidée par Napoléon III, en tant que littérateur, ou par vous, monsieur le ministre, en tant qu'historien, que pourraient être vérifiées les critiques déja parues; que pourraient être discutées les méthodes, les définitions et les règles; que pourraient être déterminés l'emploi des majuscules et celui des signes; que pourrait être fixé le pluriel des noms composés et des noms d'origine étrangère; qu'enfin pourraient être tranchés tant de différends qui divisent les précepteurs et embarrassent les élèves. Dès lors, dans ce sanctuaire du savoir commun, serait élaborée une grammaire vraiment Française, qui annulerait ses précurseuses, qui dominerait comme la bible, qui ne contiendrait plus de faute particulière, qui ne légitimerait plus de discordance, qui changerait en inutiles commentateurs les futurs chevaliers de la sintaxe, et qui s'imposerait à tous les Français, puisqu'elle serait l'élucubration de la France.

De la France et non du gouvernement, car pour rallier à cet acte solennel les simpathies générales, il faudrait en effacer la moindre teinte officielle.

La commission devrait être choisie parmi nos contemporains les plus illustres, et comprendre, sans distinction d'âge ni de drapeaux, trois imprimeurs, trois protes, trois éditeurs, trois grammairiens, trois prosateurs, trois poètes, trois philologues, trois lexicographes, trois membres de l'Académie, trois journalistes et trois professeurs de faculté.

Une fois son organisation intérieure et son mode de scrutin règlementés, cette commission se transformerait en juri; et, pour donner au verdic un caractère inviolable, c'est le pays qui développerait et plaiderait les divers points.

Voici comment.

La commission commencerait sur-le-champ l'impression de la grammaire nationale et du dictionnaire national [1], par un carton de quatre pages pour la première, et par un carton de huit pages pour le second. En même temps serait fondé un journal quotidien, intitulé la Réforme grammaticale, ou la Réforme littéraire, ou autrement. Dans cette feuille seraient

[1] Ce dictionnaire n'offrant tout d'abord que les mots acceptés du savant aréopage et rectifiés dans leurs trop sensibles écarts d'orthographe, n'exigerait pas plus d'une année de soins. Il n'appartient qu'aux quarante de rendre la confection d'un semblable livre éternelle; il est vrai qu'ils sont immortels.

imprimées les controverses venues de chaque ville des départements, et auxquelles aurait donné lieu la publication des douze pages. La mémorable assemblée discuterait les avis ainsi émis par le public lettré, les confronterait avec les siens propres, sanctionnerait en dernier ressort les définitions et les rédactions qui lui auraient paru les plus exactes; et les cartons, réimprimés avec les modifications adoptées, deviendraient définitifs.

Pareillement serait fait de chaque carton, jusqu'à épuisement de la matière.

Est-il vrai, monsieur le ministre, que par ce procédé bien exécutable, tout-à-fait en rapport avec nos idées politiques de vote universel, la France et le monde entier qui parle français auraient enfin le livre prototipe tant désiré? C'est en affichant leurs épreuves au coin des rues, et en profitant des remarques du plus inepte bourgeois, que les Alde sont arrivés à produire leurs merveilles tipographiques; Apelle agissait de la même manière pour ses peintures; et de nos jours, Didot n'a pas dédaigné de mettre à profit cet infaillible contrôle.

Nous aurions là une espèce de constitution orthographique. Ce que le vainqueur d'Austerlitz a fait pour la législation, le vainqueur de Solférino le ferait pour le langage; et, selon moi, ce ne serait pas un médiocre spectacle de voir un empereur national procurer à son peuple une grammaire nationale. Les flambeaux de la philologie sont multiples en France, ainsi que je le disais tantôt; il ne reste plus qu'à trouver une robuste main qui sache les réunir et en former un faisceau lumineux.

Je suppose maintenant que par conjoncture ces dispositions paraissent trop considérables ou soient soupçonnées de receler le désordre en leur flanc: on n'aurait qu'à en retrécir légèrement la sphère. On appellerait l'université seule; on nommerait un comité uniquement universitaire; et, en procédant d'une façon identique, on mettrait au jour la grammaire universitaire de France et le dictionnaire universitaire de France. Certes l'œuvre n'en serait pas moins concluante, durable, superbe; et nous n'en aurions pas moins un guide parfaitement sûr. Ce sont deux cordes au même arc. Qu'importe d'où vient la loi? pourvu que ce soit une loi.

Mais, cette loi invariablement formulée, nous avons besoin d'une sanction.

C'est ici que le mécanisme de notre organisation sociale nous donne un avantage immense sur les antiques populations. Jusqu'en 1800, les hommes à qui on adressait une observation tecnologique, ripostaient bêtement « c'est l'usage », pareils à ces femmes mal attifées qui s'excusent de l'incommodité d'une toilette en répondant « c'est la mode». Le gros troupeau des moutons de Panurge adoptait une excentricité graphique; et, quoi qu'objectassent les philosophes, la niaiserie s'en allait *crescendo* comme sa parente la calomnie. Il a fallu une flagellation dramatique pour sauver le français du venin des "précieuses ridicules"; il a fallu toute la vigueur du roi Voltaire pour nous débarrasser de *j'étois*, *mangeois*, *Ecossois*, etc; il a fallu des siècles de protestation pour faire disparaître *roy*, *loy*, *je pus* (de puer), *obiet*, *iuge*, *auide*, *auili*, etc; il a fallu des efforts inouïs pour ébranler *poëte*, *poëme*, *ïambe*, *parens*, etc. absurdités pour lesquelles tiennent encor bon les imprimeurs de pacotille.

Dieu merci! on n'en est plus là. Au tiran Usage, réputé invincible, on peut opposer un tiran, qui est réellement invaincu, le ventre. Plus de profession libérale, sans diplôme; plus de place aux administrations, sans diplôme; plus d'officiers des écoles, sans diplôme; plus de professeurs ni d'ins-

galante avec Dorat, magistrale avec Buffon, transparente avec Voltaire, éloquente avec Mirabeau, guerrière avec Napoléon, poétique avec Châteaubriand, sentimentale avec Lamartine, onctueuse avec George Sand, spirituelle avec Méry, passionnée avec Hugo, notre langue, notre immortelle langue ne se plie-t-elle point à toutes les exigences?

Qu'avons-nous donc à faire de nouveautés comme les suivantes?

Musculature, *sport*, *cottage* [1], *marmoréen*, *raïlway*, *steamer*, *turf*, *exclusivisme*, *handycap*, *pharamineux*, *mercantilisme*, *écœurant*, *square*, *high life*, *yachting*, *trinkhale*, *gandin*, *villagiature* [2], *four*, *dèche*, *constellé*, etc, etc, etc.

Dernièrement j'ai entendu de mes oreilles un magistrat de cour, à propos des trois couteaux d'un misérable homicide, nous déclarer en son réquisitoire que l'assassin était *constellé* de poignards. Singulière constellation ! et singulière figure de rhétorique !

Ah ! que le comte Joseph De Maistre avait raison, quand il disait, ou à peu près, que « tout écrivain qui tente d'extirper un vieux mot utile ou d'en établir inutilement un nouveau, devrait être pendu sans pitié, comme un voleur domestique ».

Or ça ! trouve-t-on bien nécessaire que le dictionnaire d'une langue, déja admirablement constitué, s'ouvre pour recevoir ces excréments de la conversation ? Ce n'est pas l'usage abusif qui doit triompher de la règle, c'est celle-ci

1 J'ai déja vu des journalistes rendre ce mot sinonime de rivage.

2 C'est moi qui écris *villagiature*, venant de *villam agere*, parcourir la campagne; les propagateurs de mots en *baroco* écrivent *villégiature*, sous prétexte que les Italiens ont escamoté l'étimologie dans leur *villegiatura*.

qui doit triompher de celui-là ; ce n'est plus la masse incalculable des forts en thème qui doit guider le talent, au contraire ; ce n'est pas le brigandage séculaire des Napolitains qui doit prévaloir sur la police tranquillisante, c'est elle.

Tous les cent ans, le dictionnaire universitaire serait remanié avec beaucoup de circonspection ; et alors seulement il accorderait droit de colonne aux noms de choses matérielles, imposés universellement par l'accroissement de l'industrie ; exemples : *locomotive*, *vagon*, *caoutchouc*, *télégramme*, etc.

Il y a un argument irréfragable qui renverse tous les sophismes opposés, le voici : les Italiens n'ont pas vu leur langue varier depuis cinq cents ans, Boccace et Pellico se tendent encor la main. N'est-ce point là une fixation en fait ?

Si l'amour-propre civique et la haine des consonnes Tudesques ont procuré cet avantage à la presquile Italique, nous pouvons bien obtenir le même résultat par la répression scolaire.

Que personne ne s'alarme. Craindre qu'une pareille pudeur de la langue imprimée n'établisse à la longue entre les discours et les missives une divergence semblable à celle qui éloigne l'indoustani du sanscrit, c'est trop craindre. Les rapports réciproques des classes de la société sont suffisamment multipliés aujourdhui ; et le vulgaire sera obligé de parler et d'écrire comme les auteurs, aussi longtemps que les auteurs rougiront de parler et d'écrire comme le vulgaire.

D'ailleurs une différence sensible a toujours signalé le langage de la populace et le langage des érudits. Les bergers du Latium étaient loin de tenir les propos raffinés de Tityre; avant Eugène Sue les périphrases des voleurs n'étaient usitées qu'aux galères; les Russes, qui apprennent le français des salons, sont tout déconcertés à Paris, quand ils entendent des artistes ou des ouvriers discourir; et nous-mêmes, nous n'ignorons point la coexistence d'un français bâtard, fort prisé des étudiants, dont aucun vocabulaire n'enregistre les substantifs débraillés, et qui a rendu un poète malencontreusement fameux, pour s'en être servi une fois.

Rien donc n'empêchera le futur dictionnaire orthodoxe de rester éternellement clos aux mots vicieux que le conseil d'instruction publique aura rejetés, de même que les dictionnaires hétérodoxes ne cessent de rester clos aux jargons des voleurs, des artistes, des ouvriers et des étudiants.

— « On les emploiera néanmoins. »

— Oui, mais avec les risques du fruit défendu, dans les ténèbres des ruelles, ou dans la blafarde clarté d'une tabagie, ou au milieu des annonces judiciaires. Je lis tous les jours en pleines Revues les expressions

ingrat vis-à-vis de moi, cette planche mesure trois mètres de long, il s'en rappelle, à mon endroit, les lundi et mardi, tes père et mère, cette femme paraît vingt ans, etc;

que cependant un collégien se hasarde à les glisser dans sa version finale, ou un candidat à les étaler dans sa thèse de licencié, et ils m'en porteront des nouvelles. Là apparaît déja une demie sanction; on n'a plus qu'à la rendre complète

Ainsi, au moyen des diplômes plus haut développé, pourraient se joindre plusieurs autres moyens:

aucun prix académique ne serait délivré par l'Institut aux aspirants qui auraient alligné des mots de fantaisie;

le Moniteur, organe de la politique officielle, serait rédigé de façon à fournir un spécimen continuel de l'orthographe et de la langue officielles ;

on exigerait des libraires et des imprimeurs, en général, le grade de bachelier;

et on créerait une librairie et une imprimerie exclusivement classiques patronées par l'université.

Dans les ateliers conservateurs de ce dernier établissement ne seraient acceptés que les manuscrits où les convenances du français ne souffriraient pas Chacun devine la conséquence. Le nom du directeur serait bientôt dans toutes les bouches; son scel, digne de Cellini, garantirait le beau langage; et sa réputation tendrait à surpasser celles des Commelin, des Estienne, des Elzévir, des Barbou.

Certes, ce n'est point là de la poésie, c'est du trafic le plus villageois; car l'univers lettré, où s'épanchent nos romans et nos drames, ne rechercherait bientôt plus que les volumes au noble estampille. Tant mieux si About devenait millionnaire! tant pis pour l'équipage de monsieur Ponson Du Terrail!

L'intervention de l'université pourrait même par fois s'exercer directement. Lorsque quelque terme du nord, lancé par un sot, répété par les sots, menacerait d'être francisé par les sots, celle-ci y opposerait le terme national. *Square*, par exemple, ce mot Saxon ou Batave, ce fantasmagorique accouplement de lettres, cet intrus qui cherche à s'asseoir à la mense Gauloise, sans être ni Grec ni Romain, pourquoi *square* n'est-il pas étouffé en naissant comme les monstres des gémonies? Notre joli mot *parterre* ne signifie pas autre chose, un terrain recouvert de verdure. Qu'il plaise demain à monsieur le ministre Duruy de faire appliquer aux divers parterres de Paris des plaques dorées portant ces ap-

— « Mais c'est là un monopole. »

— D'abord, si ce monopole s'établissait, il ne serait pas plus extraordinaire que celui du tabac qui empoisonne les gens, ou celui des cartes qui les ruine, ou celui de la poudre qui les tue, ou celui du sel qui les humilie, ou celui de la poste qui les gêne, ou celui des armes qui les tirannise; ensuite, on empêcherait bien cette accusation de surgir, en laissant aux éditeurs de France et d'Algérie la liberté absolue de colporter tous les Bescherelle et les Poitevin imaginables. Probablement ces négociants, si féroces envers l'auteur qui débute, trouveraient encore, dans maint séminaire et maint externat de demoiselles, un débouché proportionné à leur marchandise. Au reste, ce monopole existe déja ; seulement il s'exerce au profit de dix à douze coriphées de l'instruction publique qui, sans cesse brouillés dans le domaine de Vaugelas, montrent, lorsqu'il s'agit de passer à la caisse des libraires, l'entente la plus cordiale.

Très certainement, monsieur le ministre, je respecte trop votre caractère ennemi des coteries, pour vous faire l'injure de m'occuper ici de ce que deviendraient les trente mille francs de rente de M. Pierre, de M. Paul, ou de MM. Noél et Chapsal.

— « Vous n'avez pas le droit » s'écrieront les routiniers maudits « de corriger ce qui a été parachevé par des millions d'individus. »

Que les routiniers maudits consentent à écouter cette parabole.

En ce temps-là, un grand peuple, fils aîné de l'église. était allé, avec une multitude de ses vaisseaux, porter une guerre civilisatrice chez un peuple lointain, sectateur de Baal ;

Et l'ombre de l'épée du premier s'étant allongée jusque sur la capitale du second, le peuple idolâtre eut des sueurs et demanda merci ;

Et la poudre ne chanta plus ;

Et les vainqueurs joyeux, étant revenus de ce pays où se forme la lumière, en rapportèrent une collection innombrable de toutes sortes de choses ;

Et l'arrangement de ces choses péchait contre la logique, contre l'analogie et contre le bon sens.

C'est pourquoi les gens de science dirent à leurs frères ignares : « voici, vous avez péché contre les règles, corrigez ici, et puis là ».

Et les frères ignares murmurèrent disant : « en vérité, ont-ils le droit de corriger ce qui a été fait par des milliers de matelots courageux et par des milliers de braves soldats ? »

Ou je me trompe, ou les routiniers maudits sont dans le cas de ces bibliques ignorants.

— « Enfin, » ajouteront en dernier lieu quelques récalcitrants « nous admettons votre régularisation de la sintaxe, votre suppression des quiproquos orthographiques, votre simplification des règles, votre pacification des grammairiens par le glaive d'Alexandre ; tout cela augmentera la flatteuse vulgarisation de notre langue, facilitera l'étude du français aux étrangers et surtout aux Français dont si peu savent lire ; nous en convenons ; cela voire arrêtera une décadence dont nous sommes autant affligés que vous ; nous aurons une grammaire perfectionnée, suprême, invariable. Mais le dictionnaire, vous n'avez pas l'outrecuidance de vouloir le rendre immuable ? »

— Pourquoi pas ?

Les sciences, l'industrie, le commerce, progressent ; la chose est incontestable. Le cœur, l'esprit, le bon sens, progressent-ils ? Hélas ! on sera bien obligé de branler négativement la tête. L'homme n'a sous sa mammelle gauche ni un sentiment ni un battement de plus ; ses idées font comme le serpent de la médecine, un cercle ; ses préjugés, toujours innombrables, toujours plats, toujours dominateurs, résistent aux plus rudes attaques ; et la flamme enorgueillissante de la bobine de Rhumkoff n'a pas rendu sa raison plus lucide.

On voudra bien m'avouer que Massillon, Bernardin, Molière, Rousseau, ces cignes et ces aigles qui se sont illustrés par la langue Française tout en l'illustrant elle-même, ont eu des pensées aussi transcendantes que celles des rédacteurs du Midi artistique ou des rédacteurs du Tintamarre ; que par suite l'instrument intellectuel qui a servi et suffi à ces grands feseurs de chefs d'œuvre doit pouvoir servir et suffire à nos petits feseurs d'articles. Pour ma part, je n'ai pas la prétention de réfléchir autrement, mieux ou plus que Pascal ; et, quand je suis assez heureux pour sentir germer une conception sous mon front, je n'ai nullement besoin en l'exprimant de faire appel au lexique des peuples voisins.

Je veux poser ma dextre sur un brasier ardent, comme Mucius Scevola, si je n'écris durant trois mois de suite, sur des sujets continuellement et essentiellement modernes, sans employer le moindre des mots choquants de nos journalistes.

Je l'ai dit ailleurs, le journalisme est le poison lent de la langue Française.

Il n'est pas de chef-lieu d'arrondissement qui ne possède son journal ; il n'est pas de journal de chef-lieu qui ne possède son rédacteur titré. C'est ce controversiste important qui rend compte des bals de la sous-préfecture, qui prononce les « paroles bien senties » sur la fosse du conseiller municipal, qui éclabousse le savant besogneux, et qui invente des néologismes pour éblouir les bonnes gens : tout ce que les benêts ne comprennent point, ils l'admirent.

Un beau matin est enfin posée la première pierre d'un pont depuis longtemps ambitionné ; notre personnage administratif chante quelques néologismes de circonstance sur le luth de Baour-Lormian ; et monsieur le sous-préfet, après l'avoir embrassé, lui applique une croix d'honneur sur la poitrine.

La croix d'honneur est un signe de distinction qu'on donne d'abord à ceux qui s'en font gloire, et ensuite à ceux qui en font la gloire.

Les voilà ces natures sublimes qui trouvent pauvre, pour leurs sublimes productions, la langue sonore de Fléchier. Mites destructives qui rongent, rongent et rongeront l'édifice resplendissant de notre littérature, jusqu'à ce qu'il se soit écroulé et que sur ses ruines moussues viennent prendre racine les dialectes des Cosaques !

O honte, ô déconfort !

A coup sûr, la langue de l'intelligence et de l'amour, étant formée comme l'est la nôtre, étant susceptible de remplir tous les cadres métaphisiques du raisonnement et de la sensibilité, peut rester inébranlable au milieu des variations des êtres, comme le roc au milieu des variations des flots. Qu'on change le stile et la contexture des livres, à l'instar des romantiques, mais qu'on respecte la partie tecnique du langage. Saint-George et Grisier ont employé le fleuret d'une manière différente, mais c'était toujours le fleuret.

Badine avec Marot, énergique avec Régnier, philosophique avec Descartes, naïve avec La Fontaine, héroïque avec Corneille, douce avec Racine, chaste avec Fénélon, divine avec Bossuet, correcte avec Boileau, savante avec Montesquieu,

demi, *feu*, et on verra si leurs disciples soumis ne trouveront pas ces adjectifs aussi réguliers que les autres [1].

En 1762, l'Académie faisait le mot *armistice* féminin ; et les dociles écrivains [2] suivaient les ordres des quarante. En 1798, l'Académie éprouva le besoin de faire, en dépit de la terminaison, le même mot masculin ; et les écrivains, toujours dociles, ont obéi sans régimber. Ce fait ne me donne-t-il pas raison ?

Il est impossible de supposer une transformation plus radicale que celle que le dixième siècle introduisit dans la numération, et pourtant elle eut lieu. Il s'agissait d'anéantir cavalièrement les procédés d'Archimède, de Pythagore, d'Euclide, des plus grands mathématiciens ; mais aussi il s'agissait de mettre la science des chiffres à la portée du vulgaire, et d'écrire ingénieusement

488 598 au lieu de $\overline{\text{CCCCLXXXVIII}}\text{DLXXXXVIII}$.

On n'hésita point. Pourquoi hésite-t-on, quand il s'agit de mettre la science des lettres à la portée du même vulgaire ? Il n'y a pas deux manières de vouloir.

Remarquez, monsieur le ministre, que cette amélioration que vous rendriez immédiate, pour en faire jouir immédiatement le peuple et les philologues, s'opère d'elle-même, lentement, fatalement, par l'unique force de la dialectique. On

1 Le cas s'est déja présenté. Dans l'édition princeps de son dictionnaire, Napoléon Landais avait eu la louable inspiration d'écrire *papetterie*, *bonnetterie*, etc. Les gens logiques s'empressaient en foule d'adopter cette orthographe et étaient heureux de pouvoir s'appuyer sur lui ; ce qui fermait la bouche aux routiniers. *Vœ rationi!* les dernières éditions portent de nouveau *papeterie*, *bonneterie*, sans doute pour nous engager à prononcer *j'appelerai*, *tu acheteras*.

2 « Le comte De Steinboch demanda une prompte armistice. » (Voltaire)

peut suivre dans les auteurs du quinzième et du seizième siècle la succession des changements orthographiques; et aujourdhui les mots

insçu, imbécille, quarré, n'a guères, sur-tout, clef, bled,
d'avantage, shall, shako, auto-da-fé, kanguroo, toast,
dixain, factotum,
hermite, silhouette, thaler,
choléra, scholaire, métempsychose, synecdoche,
amydon, satyre, sylphe, sylvain, syrtes, syphilis, sycomore,
asyle, Henry, lys, crystal, jury, synonyme,
payen, bayonnette, fayence,
œther, œsthétique, Ænée, œconome, homœopathie

sont par beaucoup de personnes écrits

insu, imbécile, carré, naguère, surtout, clé, blé, davantage,
chal, chako, autodafé, kangurou, tost, dizain, factoton,
ermite, silouette, taler,
coléra, scolaire, métempsycose, synecdoque,
amidon, satire, silphe, silvain, sirtes, siphilis, sicomore,
asile, Henri, lis, cristal, juri, synonime,
païen, baïonnette, faïence,
éther, esthétique, Enée, économe, homéopathie.

Il n'y a qu'à favoriser cette généreuse tendance, à devancer l'usage au lieu de l'attendre, et à s'empresser d'écrire *vagon* avant qu'il ait imposé *wagon*.

Malheureusement, au train dont nous mènent les journalistes, les Français seront retournés à l'état de Welches, avant que leur langue ait secoué la poussière restante de sa toge. Jamais peutêtre la chenille paresseuse n'atteindra le sommet du Pinde, pour s'y changer en papillon.

En présence d'un tel danger, je ne vois guère le temps de différer la publication de cette grammaire, une et invariable, qui sera l'orient d'une ère nouvelle. Les ouvrages antérieurs à l'arrêté dont la date deviendra célèbre, continueront à être imprimés avec leur orthographe originelle, voilà tout. Nos tipographes ne s'y prennent pas différemment à l'égard de Rabelais, de Commines, de Brantome, de Montaigne, d'Amyot, de Marot, de Ronsard, de Régnier, de tous nos bons vieux maîtres.

Quelques trembleurs me répondront : « vous n'êtes pas au rang de ces énergumènes qui veulent conformer l'écriture à la prononciation (*lé fame zé lé zome son fé pour émé*); vous n'imitez point ces scoliastes en us qui veulent tout ramener à l'étimologie (*feme, home, cholère, phelgmon*): ce qui constitue un double écueil; vous n'organisez pas une révolution de barricades; mais enfin vous conseillez une révolution de palais ». [1]

Je leur ferai observer que cette révolution tout pacifique, que sollicitent les aspirations générales du progrès, a déja un antécédent. Au commencement du présent siècle, l'académie Espagnole a corrigé et fixé la langue de la Péninsule; elle a voiré rayé le *ph* et le *th* qui comptent tant d'adversaires parmi nous; tous les Espagnols, bon gré mal gré, se

1 Je ne suis pas le premier à conseiller une amélioration modérée de notre orthographe. En juillet 1793, dans son ESSAI SUR L'INSTRUCTION PUBLIQUE, Daunou écrivait : « je réclame, comme un moyen de raison publique, le changement de l'orthographe nationale, et je ne crois pas cette proposition indigne d'être adressée à des législateurs qui compteront pour quelque chose le progrès ou plutôt, si je puis m'exprimer ainsi, la santé de l'esprit humain. » Seulement Daunou se contentait de réclamer; tandis que j'ai dans ma GRAMMAIRE indiqué une façon ingénieuse d'atteindre ce résultat sans bouleversement.

sont soumis; et le fier idiome de Lope, de Caldéron, de Cervantès ne m'a pas l'air de s'en porter plus mal.

Je leur ferai encore observer que notre Académie a osé quelque chose d'approchant. Un jour d'heureuse inspiration, elle a déclaré qu'on peut dire *des ails*; et les deux tiers des citoyens ont cessé de faire une exception peu euphonique à la règle des pluriels des noms. Si elle eût déclaré valables pour l'écriture, comme ils le sont pour l'oreille, les pluriels *bails*, *émails* et *corails*, je suppose que le litige ne serait pas loin d'être vidé. [1]

— « Et le ressort principal, » demanderont certains autres « et l'argent ? Il en faut pour payer le déplacement momentané des membres de la commission, pour rémunérer les secrétaires permanents, pour imprimer la grammaire tipe et le dictionnaire tipe, soit que ces ouvrages aient le caractère national, soit qu'ils aient le caractère universitaire; il en faut surtout pour subvenir aux dépenses du journal qui devrait être tiré à un nombre considérable d'exemplaires d'un sou. »

— De cet argent, pas n'est besoin de s'inquiéter: ou l'état par intérêt général, ou la maison Hachette par intérêt privé s'empresserait d'en faire l'avance. En effet, la grammaire et le dictionnaire uniformés, étant rendus obligatoires et exclusifs dans les licées, les colléges, les écoles, les vaisseaux et les régiments, la vente seule de la première édition rapporterait plusieurs millions. Quant aux éditions subséquentes, elles procureraient à l'université de justes bénéfices qui serviraient à améliorer la position des professeurs.

1 Demandez à des étrangers quel est le singulier de *baux*; « *bal* » vous répondent-ils invariablement; et il faut invoquer exception sur exception pour leur prouver qu'ils ont été induits en erreur par la règle des pluriels en *aux* qui elle-même est une exception à la règle naturelle du **s**. Comme tout cela est joli !

tituteurs, sans diplôme; plus d'employés commerciaux, sans diplôme. C'est pourquoi, en n'accordant le diplôme qu'aux jeunes gens qui auraient appris l'orthographe et la grammaire usitées dans les collèges, on forcerait bientôt les pensionnats particuliers à opter entre le respect de la langue épurée ou la privation du diplôme; or le diplôme, c'est le pain.

La voilà donc la sanction de la loi, le diplôme, le diplôme, le diplôme.

Prendre croque-mitaine Usage par la faim, ne serait-ce pas un bon tour?

Je me figure, monsieur le ministre, l'humiliation d'Octave et de Tibère, eux qui malgré leur omnipotence ne purent ajouter une lettre à leur alphabet, s'ils ressuscitaient, et s'ils vous voyaient radier par un simple arrêté toutes ces anomalies dont une tolérance coupable a grévé notre langue.

Une signature, un trait de crayon, un mouvement de sourcil, moins que cela... et le mistère sera accompli. Une bulle de Grégoire XIII opéra autrefois dans les millésimes un changement qui gênait beaucoup, et il fut accepté. Un caprice de Louis XIV fit masculin le mot *carosse* qui était féminin, et personne n'osa plus dire « ma carrosse ». Est-ce qu'on n'accueillerait point par intérêt ce qu'on a accueilli une fois par dévotion, et une autre fois par flagornerie? La voix de l'estomac est si terriblement impérieuse.

Je connais des avocats à qui la cage de Louis XI, le chevalet des inquisiteurs, ou la ciguë des arcontes, ne feraient jamais dire « vive Henri V! », et à qui un président de tribunal impose arbitrairement la dégradante obligation de raser leur barbe. Ils grommellent, mais ils se soumettent. Question de diplôme.

Je prévois cependant plusieurs objections, et je vais essayer d'y parer.

— « Y a-t-il urgence? » demanderont les partisans du statu-quo.

— Je leur répliquerai : y a-t-il, oui ou non, décadence? Si notre arche sainte est assaillie de tout côté par les Philistins du journalisme, ne faut-il pas armer les lévites? Assistez à la discussion d'un adverbe ou d'un participe; cherchez la solution du problème dans les ouvrages existants; et vous verrez si, devant leur contradiction, vous n'éprouvez pas le besoin d'une autorité sans appel. Poitevin veut blanc, Bescherelle veut gris, Landais veut rouge, l'Académie veut noir; et, chose pénible à avouer, si on ne savait que la plupart des académiciens sont des seigneurs ou des militaires n'ayant jamais tourné une métaphore, l'Académie a presque toujours tort. Tel imprimeur adopte une première orthographe, tel autre en adopte une seconde. Il n'y a pourtant pas deux manières d'écrire *appartement* au pluriel, ni d'accentuer Israél.

L'anarchie en fait d'écriture n'est-elle pas la plus saugrenue des anarchies? Au parvis de toutes les sciences, à la porte de toutes les villes, au début de tous les métiers on crie haro sur la routine, on démolit, on efface, on change, on régularise, on perfectionne; et à la science seule de la langue il serait défendu de rompre avec cette même routine! Allons donc !

— « En dehors des licées et des chercheurs de diplômes, le redressement orthographique sera-t-il accueilli? »

— Nous n'avons pas à nous en occuper. Dans quinze ans la jeunesse de France, n'ayant plus sous ses ieux que la grammaire et le dictionnaire universitaires, sera toute amenée à orthographier d'après la logique et non d'après les âneries de M. Usage. Quant aux vieillards, on les laissera quièlement mourir dans leur impénitence grammaticale, comme sont morts l'un après l'autre les amateurs obstinés de la perruque poudrée et de la queue.

Et, du reste, qui enseigne aux générations naissantes à écrire irraisonnablement *savon dissous*, *bonneterie*, *bijoux*, *lien*, *il convient*, *providentiel*, *tous*, *enfans*, *équiangle*, *je crains*, *quadrature*, etc? Qui baptise *un amulette* et *un strige*? [1] Qui enregistre ces kirielles d'exceptions qui rebutent les étrangers, dont tout le monde se plaint, que tout le monde trouve inconséquentes, et que personne n'a le courage de jeter par dessus le moulin? Ne sont-ce pas les mauvais traités élémentaires? Quand la grammaire nationale ou la grammaire universitaire, qui sera la seule adoptée pour l'instruction publique et par suite la seule achetée par les étrangers, enseignera d'écrire *savon dissout*, *bonnèterie*, *bijous*, *lién*, *il conviént*, *providenciel*, *touts*, *enfants*, *équïangle*, *je craints*, *qùadrature*, *une amulette*, *une strige*, etc, la réforme ne sera-t-elle pas accomplie? Aura-t-elle coûté la moindre goutte de sang? A peine une goutte d'encre.

Le grand mal en cette matière, c'est qu'aucun lexicographe n'a encore été écrivain assez supérieur pour donner aux rectifications les plus demandées la sanction de son talent; ni pas en avant ni pas en arrière; s'il y a un mouvement,

1 A propos de *amulette*, qu'on questionne les deux cents premiers écrivains de la France sur le genre de *asphodèle* (plante), *astragale* (plante), *calville* (prune), *anatife* (coquille), *bandingues* (lignes de pêcheur), *caroube* (fève d'un arbre), *nimbe* (auréole), etc, cent nonante-neuf se tromperont ou auront recours au dictionnaire; lequel, au grand étonnement des chercheurs, déclarera ces expressions du genre masculin. Qui se plaindrait si un nouveau dictionnaire les déclarait féminines? Nous qui habitons le pays des caroubiers, ne disons-nous pas déja *la caroube?*

Quel est l'homme qui n'a pas reçu dans son enfance des claques surabondantes, pour s'être obstiné à dire *une ongle*, *une incendie?* Et *plus bon*, ce comparatif si naturel, que j'aimais tant... les oreilles m'en saignent encore. C'est donc ainsi que les exceptions se maintiennent dans notre langue, à coups de bâton.

c'est celui de la tortue, quand ce n'est pas celui de l'écrevisse; tel qui pérore avec emportement contre *dissous*, manque de courage au moment d'écrire *dissout*. Tout est là cependant, il faut que quelqu'un commence.

Supposons que Lamartine, Hugo, Thiers et Dumas s'accordent à imprimer leurs ouvrages cosmopolites en en supprimant les exceptions gratuites de la grammaire: voilà nos rhéteurs, nos pédagogues, nos annotateurs, toute la famille des frélons déroutée. Et le bon public acceptera ce qui viendra de si haut.

Le jour où Bâcon a imaginé sa méthode expérimentale qui renversait les notions acquises de l'humanité, le public n'a-t-il pas accepté?

Le jour où le chantre de la HENRIADE a imaginé les terminaisons *j'étais*, *je marchais*, *je mangerais*, etc, le public n'a-t-il pas accepté?

Le jour où la Convention a imaginé les mots *centime*, *mètre*, *gramme*, etc, le public n'a-t-il pas accepté ?

Le jour où Lavoisier a imaginé les mots *sulfide*, *iodure*, *azotate*, etc, le public n'a-t-il pas accepté?

Jamais je n'admettrai que le public, c'est à dire, des coiffeurs, des charlatans, des cabaretiers, des matelots, des cochers, des huissiers, des directeurs de prisons, puisse, quand il s'agit de langue, résister à Lamartine, à Hugo, à Thiers et à Alexandre Dumas réunis.

Imbéciles de petits grammairiens qui s'en vont criant et recriant « l'usage par ci, l'usage par là », sans soupçonner qu'ils constituent ce despotisme de l'usage, puisque c'est d'après eux que nous avons tous appris à assembler des sillabes. Dès l'instant qu'ils ont cessé de sanctionner les bizarreries étimologiques du moyen âge, l'écolier ne les a plus reproduites. Qu'ils cessent de violenter les adjectifs *nu*,

pellations « parterre Saint-Jacques, parterre du Temple, parterre des Arts-et-métiers »; et après-demain notre langue sera lavée d'une souillure. Je défie mes antagonistes inconnus d'échapper aux tenailles de cette vérité.

La grammaire et le dictionnaire de l'université seraient donc pour la langue ce que la version des septante est pour la religion ; c'est à ces recueils étalons qu'on recourrait dorénavant, en cas de procès, de polémique ou de doute. Oh! la belle entreprise, la belle perspective pour le corps à palmes brodées! Devenir la vestale du feu sacré, remplacer l'Académie que Richelieu avait préposée à la sauvegarde et à la perfectibilité de la langue, et qui n'a pas rempli une mission si généreuse: la belle entreprise, la belle perspective!

Je vois d'ici la pâleur de la gent griffonnante; elle s'effraie, elle clabaude, elle raille, elle critique; elle répète que l'art de l'écrivain deviendrait trop difficile. Quel bonheur! Je voudrais qu'on le rendît plus difficile que la sculpture, plus difficile que le bosselage, plus difficile que la musique; au moins il aurait ses élus; au moins il serait véritablement un art; et, lorsque Horace retournait ses odes « *nocturna et diurna manu* », lorsque Boileau « polissait et repolissait sans cesse », lorsque Louis Courrier refesait à cinq ou six reprises un billet d'invitation, nous ne verrions plus des marauds se croire supérieurs à ces morts vénérés, parceque chaque matin ils font un compte-rendu sans rature.

Travaillons à corriger les imperfections de la partie analitique de notre idiome, nous assurerons la stabilité de sa partie sinthétique et nous en doublerons le succès. Le soin donné aux expressions est comme le soin donné aux minuties de la discipline: ils peuvent paraître puérils, mais l'un fait la force d'une langue comme l'autre fait la force d'une armée. C'est ce qui fesait dire à Addisson que le Paradis

PERDU est un Parthénon construit avec des briques. Bref, pour aider à la vulgarisation et pour parer à la décadence du français, nous devons à la fois en supprimer la difficulté conventionnelle qui dégoute les étrangers, en maintenir la correction traditionnelle qui les attire.

Dernière considération.

Pense-t-on que l'université ferait mal d'enseigner un tantet la grammaire ? J'ai ouï reprocher à mes compatriotes leur faible aptitude pour les langues vivantes ; je leur ai entendu accorder, en même temps et assez à tort, la connaissance parfaite de celle que nous parlons. Que serait-ce si-on savait en Europe que les Français n'apprennent jamais leur grammaire, et qu'ils écrivent d'instinct.

C'est à sept ans, lorsque les enfants appliqueraient bien plus volontiers leur attention à découvrir des nids d'oiseaux sous les charmilles, qu'un Argus roide et détesté leur fait réciter les conjugaisons. A huit ans ils commencent le latin, à onze ans le grec ; Dutrey et Burnouf les poursuivent jusqu'en seconde ; *turpe est mentiri*, υς προς Αθηναν mais de sintaxe Française plus la moindre parcelle. Miracle ! Toute la provision de grammaire Française a été amassée à l'âge de sept ans.

Que résulte-t-il de ce sistème ? Que les bacheliers entrent dans la société, ne sachant convenablement ni le grec, ni le latin, ni le français, et qu'on trouverait plus aisément un dévot sans méchanceté, un frère sans égoïsme, ou, à Nice, en hiver, une campagne sans fleur, qu'une brochure sans taches grammaticales.

Peutêtre qu'après la logique, quand le jugement des garçons commence à fonctionner, il ne serait pas déraisonnable de leur faire étudier et discuter notre grammaire, pendant six mois ou une année. Quel plus solide couronnement aux études !

Je ne voudrais point un cours de narrations, véritable élevage de croniqueurs incompris, non, je voudrais un cours prosaïque de grammaire appliquée. Les compositions se borneraient à ceci : le régent prendrait un numéro quelconque d'un journal quelconque ; il en distribuerait un exemplaire à chaque élève; et l'élève qui y découvrirait le plus de fautes, serait le premier. Vous ne sauriez croire, monsieur le ministre, combien est fécond cet exercice que j'ai inventé pour mon utilité personnelle.

Or, admettons qu'on publiât le résultat collectif des devoirs de nos jeunes Aristarque : dans quelques semaines la moitié des Beauchamp du journalisme serait obligée de retourner à la charrue ; et notre littérature serait sauvée [1].

Il y a une difficulté apparente, c'est de faire accepter patiemment par les licéens ce surcroit d'emprisonnement. Je prédis qu'ils se résigneront bien vite, si en compensation on abroge pour eux l'examen terminal du baccalauréat, cette épée de Damoclès injuste et maladroite. Injuste, car le certificat qui en dérive, n'est pas la récompense de dix années d'application, mais un prix de mémoire ; car j'ai eu des condisciples instruits que l'émotion des épreuves orales a fait

1 Je ne veux pas finir cet opuscule sans m'expliquer ; j'ai trop d'amis dans le journalisme pour m'exposer à leur faire de la peine. J'entends par journaliste ce qu'entendaient Balzac et madame De Girardin : un homme incapable de tout, capable de rien, dont l'unique expédient consiste à employer des ciseaux sous l'apparence d'une plume. Quiconque a fait des livres et commet de temps en temps quelques articles par besoin d'épanchement ou par besoin de pièces de cinq francs, n'est pas journaliste. Le journaliste est un zéro dont la valeur ne commence que lorsqu'un ouvrage s'est placé devant en guise d'unité. Dans mes REMARQUES D'UN PARESSEUX, in-12 qui ne demanderait pas mieux que de paraître chez Lévy, j'ai inséré cette autre définition « le journaliste est un avocat qui écrit, l'avocat est un journaliste qui parle ».

refuser; car on cite, entre écoliers, des lauréats habituels de leur division qu'un malheureux contre-sens a fait échouer à la traduction préliminaire. Maladroite, car on surcharge la cervelle des jeunes gens qui apprennent tout pour le même jour, et qui oublient tout le lendemain de ce jour; car on laisse aux pensionnats, communément nommés « fabriques », une porte immoralement ouverte; car on ne forme pas des hommes carrés, mais des grippe-diplômes qui entrent dans les administrations leur peau d'âne à la main, comme le dernier des Béotiens entre au musée de Versailles, grâce à son passeport de deux francs.

A la fin de la seconde pour les langues mortes, à la fin de la rhétorique pour l'histoire et la littérature, à la fin de la logique pour la philosophie et les sciences, à la fin de la grammaire pour la langue maternelle, les élèves, dans leur licée respectif et en face d'examinateurs connus, subiraient, successivement, sans trouble et avec profit, des examens partiels. De sorte que le bien-aimé diplôme viendrait presque infailliblement récompenser le piocheur *improbus* de Virgile.

Bien plus, on pourrait à l'émulation appliquer le plus noble des stimulents Les cinq premiers élèves entreraient d'emblée dans la classe supérieure, et, au bout de la classe de grammaire, recevraient d'emblée leur parchemin où serait faite la mention spéciale de cette faveur. Quelle alternative! quel but désiré! comme ces places de composition seraient disputées! comme battraient ces cœurs d'adolescents! comme on pardonnerait cette adjonction d'une année de grammaire!

Je m'arrête, monsieur le ministre, car je crois en avoir dit assez pour la démonstration d'une théorie si facilement applicable.

Empêcher la décadence du français :

dans ce but, rédaction d'une grammaire et d'un dictionnaire nationaux ;

ou bien rédaction d'une grammaire et d'un dictionnaire universitaires ;

rendre ces ouvrages invariables, privilégiés et obligatoires dans tous les établissements d'instruction publique ;

profiter de l'occasion pour supprimer de notre écriture les écarts d'orthographe et les exceptions illogiques ;

ne couronner ni n'approuver aucun livre qui contiendrait un seul emprunt fait récemment aux langues barbares du nord ;

établissement d'une librairie et d'une imprimerie conservatrices ;

donner pour sanction aux nouvelles lois le diplôme d'examen et le certificat d'aptitude

Voilà la tâche, voilà le vœu

La langue Française est comme une statue magnifique taillée par le dieu Michel-ange; il faut tacher de la conserver intacte, à travers les siècles des siècles ; mais avant de la placer dans sa grande niche au fond d'or, nous ne devons pas négliger d'en polir le socle.

Et, en vérité, m'est avis qu'on aurait tort de ne voir dans ces pages que la rêverie d'un poète : quelque chose comme l'Icarie, le phalanstère, la pierre philosophale, ou la suppression des faveurs, ou la récompense du talent, ou l'égalité devant la loi. La question est plus pratique qu'on ne le pense ; elle touche au gouvernement, elle intéresse notre patrie.

Je suis incapable de contester la portée des canons rayés, mais je persiste à soutenir que l'influence d'une nation ne dépend point de ses bombardes. Le sabre soumet pour une période, la plume soumet pour toujours : témoin, Athènes et Sparte, Rome et Carthage, les fugitifs de Byzance et les conquérants de l'Asie.

Ainsi que je le disais au début, toute l'Europe polie et toute l'Amérique polie parlent français; le français est devenu l'intermédiaire habituel des rois ; il est appelé dans un délai assez prochain à fournir seul les épigraphes des monuments. Le rendre plus abordable [1] en le débarrassant de complications superficielles, l'immobiliser afin de l'empêcher de déchoir, comme le latin a déchu durant le bas empire, n'est-ce donc pas amener peu à peu la terre tout entière à le comprendre, à s'en servir, à le préférer? N'est-ce pas réaliser l'utopie philosophique de Leibnitz? N'est-ce pas augmenter dans des proportions inouïes cette suprématie de notre France, dont nous sommes si fiers et que nous recherchons tant?

Notre génie fera comme l'aigle des Bonaparte, il planera sur toutes les capitales.

Telle est, monsieur le ministre, la proposition que je n'ai pas craint de développer. Vous qui à un titre puissant mais

1 Toute la question est là. Rendre l'instruction obligatoire n'est qu'un demi libéralisme, la rendre facile serait le libéralisme complet. Il me semble voir un thaumaturge, assis sur l'arête du mont Blanc, et invitant les boiteux à venir se faire guérir; ou bien je me figure un roi du moyen âge, rendant la numération Romaine obligatoire, au lieu d'adopter les simplifications de la numération Arabe.

Quand le paysan connait nos 25 lettres et leurs diverses combinaisons, ce qui est aussi facile que de connaître les 10 chiffres et leurs diverses positions, il doit encore apprendre quinze ou seize mille mots hétérogènes où, à défaut des ieux, la mémoire seule lui sert de guide :

le couvent ils couvent, il convient ils convient, chirurgien chiromancie, ville fille, pays hymne, portions des portions, amitié initié, maison parasol, etc; *paon, aout, Caen*, etc; dans le même temps de verbe, ou dans le même mot,

je prends, nous prenons, elles prennent, ils serpentent, chachucha.
A E È É A E K CH

Et le malheureux paysan se trouve alors en présence des difficultés des langues peintes; il est dans la même position que ces Chinois dont nous nous moquons tant, peuple léger que nous sommes.

passager joignez le titre modeste mais immortel d'historien, vous envisagerez sans prévention ce programme d'un humble travailleur, qui partage votre culte pour les belles lettres.

L'acte que je préconise serait l'événement le plus curieux et le plus décisif de notre siècle, qui pourtant est gros de prodiges. Tous les partis politiques se tairaient un instant pour assister ou pour prendre part à cette lutte littéraire du plus grand peuple littéraire ; et, comme on eût dit au temps des tragédies et des prosopopées, les ombres de Charles D'Orléans et de Gaston De Foix tressailleraient de liesse sous les dalles des vieux castels.

Honneur au potentat qui donnerait ce spectacle intellectuel ! Si d'autres ont un piédestal pour avoir fixé la législation, il aurait quelque jour un temple pour avoir fixé le langage ; car de combien la gloire du littérateur n'est-elle pas supérieure à la gloire du jurisconsulte ! L'univers lit encore Homère ; sans quelques professeurs de droit, Justinien ne serait plus lu par personne.

Honneur au dignitaire qui provoquerait une entreprise aussi grandiose ! Honneur à vous, monsieur le ministre, si, après vous avoir dû la généralisation de l'instruction primaire, nous vous devions ces perfectionnements ! Votre renommée irait en grandissant dans l'avenir, au fur et à mesure que les conséquences du fait seraient plus manifestes ; et la muse de l'histoire, celle qui vous sourit déjà, graverait sur son marbre Napoléon et Duruy, comme elle a gravé Auguste et Mécène, Ferdinand et Ximénès, Henri IV et Sully, Louis XIII et Richelieu, Louis XIV et Colbert.

OUVRAGES D'ÉMILE NEGRIN

en vente

chez tous les libraires de Nice

	fr. c.
SILHOUETTE DU JARDIN PUBLIC DE NICE	0, 50
LES SIMPLES RIMES (deuxième édition) LA FOLLE DU LAC D'OO (troisième édition) et LES PALLADIENNES (deuxième édition), en un volume de luxe . .	3, 50
LES PROMENADES DE NICE (troisième édition) . .	2, 00
GRAMMAIRE DES GENS DU MONDE	1, 00
DE LA FIXATION DE LA LANGUE FRANÇAISE . .	0, 65
TRAITÉ DES MAJUSCULES	0, 75

En préparation :

DICTIONNAIRE RÉCIPROQUE — DISCORDANCES DE LA LANGUE FRANÇAISE — FLEUR DES MERS — LES REMARQUES D'UN PARESSEUX — LES CONTES GAULOIS de Jacques Noir — LES CONTES COURANTS de Jacques Noir — LES PROMENADES DE CANNES.

www.ingramcontent.com/pod-product-compliance
Ingram Content Group UK Ltd.
Pitfield, Milton Keynes, MK11 3LW, UK
UKHW022000260726
13994UKWH00004B/1858

9 782329 464152